HOME TIDY-UP WITH
JUNKO
FURUKATA

古堅純子の片付け事件

—家族のピンチをズバッと解決！—

[著者・原作]
古堅純子
[漫画]
田辺ヒカリ

KADOKAWA

はじめに

これまで、私は5000軒以上の家を片付けてきました。
やってもやっても片付かない。
片付けたいけど一体なにから手をつけたらいいのかわからない。
子どもが生まれる、家族に自室を用意してあげたい、お客さんを呼びたい……
日本全国からさまざまなSOSが届きます。

片付けに行って依頼者の悩みが解決すると、
お礼とともに、こんなことをよく言われます。
散らかっていたときより家族関係がよくなった、
仕事の調子が上向いた
子どもが試験に合格した――。
家が片付くと、不思議なことに家族のピンチも解決してしまうんです。

片付けで私が大切にすることはただ1つ。

なによりも、景色を大切にすること。
どうしたら、毎日目にする部屋の景色がすっきりしたものになるのかを、
徹底的に考えて作業します。
ただし、景色を作るためにモノを捨ててもらうことはしません。
片付けというと「まずは捨てなきゃ」と考える人はまだまだ多いですが、
私は「捨ててモノを減らしましょう」とは絶対に言いません。
散らかっているモノは扉の中に隠す。
捨てられないモノは家の中の
僻地《へきち》(クローゼットや押し入れの奥、物置、ガレージ……)に寄せて埋める。
捨てなくても、景色がキープできればそれでいいんです。

部屋の景色が変わり、モノが視界に入らない生活になると、
心にゆとりが生まれます。
すると、大切な家族のこと、本当にやりたいこと、自分が好きなことなど、

モノが多い生活をしていたときには気づけなかったことが見えてきます。
これが、片付けで家族のピンチまでが解決してしまう理由です。

こうした片付けのすごい効果をもっともっと知ってもらいたくて、
この本では私のYouTubeチャンネル「週末ビフォーアフター」を
中心に、片付けで8つの家族の〝事件解決〟ができたエピソードを集め、
漫画化しました。

さあ、景色が変わると起こる変化をぜひ目の当たりにしてください。
読み終わる頃にはきっと、あなたもワクワクしてくるはずです。

古堅式片付けの重要ワード

景色

古堅式の片付けで一番大切にするのが「部屋の景色」。普段その部屋で過ごすときに見える部屋の状態のことです。

寄せる

景色を変えるためにモノを移動すること。
「ブルドーザー」とも言う。

更地

モノが何も置かれていない状態のこと。「ダイニングテーブルの上は更地！」が合言葉。

隠す・埋める

散らかっているモノを扉の中にしまうこと。日常で使わないモノを一度入れたら出しにくい場所に隠すことは「埋める」。

ゴールデンゾーン

腰から背丈の高さの収納場所のこと。この場所によく使うものを収納する。使う人の背丈によって高さが変わる。

バッファゾーン

部屋にチョイ置きされがちなモノを隠すために作られた収納の中のスペース。「バッファゾーンは心のゆとり」が合言葉。

CONTENTS

第1話 もうすぐ育休復帰の家

昼間は体の悪い母を手伝って実家の整理
帰宅したらワンオペ育児です
ただいま
お帰りなさい すぐご飯の用意するね
実家行ってたのか お疲れ様
洗濯物なんか明日畳めばいいじゃん
洗濯物がリビングにあるのが嫌なのよ!
次の朝
ママー
ちょっと待って
ママ お片付けしないと
うわーっ
もうすぐ仕事復帰なのに全然片付かないわ
はぁ。。。
宅配便でーす

どんっ
…コレなに？
あ
プロテイン
どこに
しまうのよ？
2階の奥の
倉庫でいいじゃん
あそこ倉庫じゃ
なくて部屋…
もう私1人の
力じゃ無理だ！
誰か助けて～！
ピンポ～ン♪
お邪魔しまーす！
ママがピンチって聞いて
助けに来たわよ～！

どちら様…？
古堅純子さん！
5000軒以上を
片付けてきた
空間の魔術師って
言われてる人だよ！
？
ずんずん
おうち見せて
もらうわね～
ふむ……
ふむ
ふむ…
収納の中はそんなに
ぎゅうぎゅうでも
なくて余裕がある
わね…
はい
「7割収納」を
心がけてるんです
SNSや本で
収納には余裕を持たせる
のが大事って読んだので
これは？
まとめ買いしたんですけど
しまう場所がなくて…
お米
お米
キラーン
…

今は1階で寝てるんですけど2階のここを寝室にしたいんです
モノの整理を始めたんですけど全然進まなくて
実家の片付けの関連のモノもあるし…
本当は子どもが寝たら家事をする部屋なんかも作れたらなって思うけど
もうなにから手を付けたらいいか…
ガチャ
どの部屋もしっかりした収納はあるのね
ごちゃあ…
…なにこれ?
…物置です
あなたねー!
2階の一番奥の部屋に自転車って
私初めて見たわよ!
この部屋も収納は…
死んでるわね
一度収納の中に入れちゃったら違った!と思ってももう直せないんじゃ…って怖いんですよね
わかった

どの部屋もやりきれなくてずーっと「あそこのモノ片付けなきゃ」「あれしまわなきゃ」って思ってるんでしょ？
でも小さい子ども2人を抱えて仕事に行くために
スタートラインをしっかり作って「よーいどん」で仕事に行きたいのよね？
す…すごい…！
全部代弁してくれました
今あなたたちに必要なのは
完璧主義をやめることね
私が来たんだから大丈夫！

わー！♡
育休だったから
夫以外の大人と喋《しゃべ》るの
ワクワクしちゃう
さ〜！
どんどん
やるわよ！
わかるわ〜！
私も子ども2人産んで
仕事3年休んじゃったのよ
復職したら2人違う
保育園に通うことに
なっちゃって
毎日もうクタクタ！
子どもと一緒に夜8時過ぎに
気を失うように寝てたわね
子ども2人の
送り迎えしつつ
家事も仕事もなんて
私できるのかな…
よ〜し！
1階和室の収納は
これで完成！
けっこうスペースが
あいてますね…？

そう！
畳んでない洗濯物とか
明日も使うカバンとかは
ぜーんぶここに置いて
そしたら
部屋が片付いて
見えるでしょ？
いい？
大事なのは
リビングの景色なの
干しっぱなしの洗濯物が
ずーっとリビングに
あるくらいだったら
とりあえずここに
放り込む！
私もさ
子どもが小さいときは
洗濯物畳めなくて
取り込んだら
箱に突っ込んで
毎日の着替えも
保育園に持ってくぶんも
箱から取って使ってたの
それでとりあえず
片付いた状態に
なっていれば
気持ちがラクになるから
頑張っても
やりきれなくて
イライラしちゃう
お母さんって多いけど
そんなに
頑張らなくていいのよ

モノが見えないだけで気持ちがラクになる…
そう!! とにかくそれだけ覚えといて!!
さて
あとキッチンと2階を片付けるわけだけど
これは全部同じパターンね
同じ？
理想の収納にしようとして結局どこの収納もスカスカ！
収納の中まで完璧に…なんて考えてるからいつまでたっても片付かないの
大事なのは景色！
いったん完璧主義をやめて景色を変えることが優先！
さー！この食器棚のモノ全部出すわよ!!
スパルタ純子
はっはい！
数時間後――…
お…終わった…
クタクタ…

入りきらない食材とかはここにチョイ置きするのよ！
収納の中身を寄せて穴掘っといたから
すごい！
そして2階も…
モノだらけの部屋が寝室に…！
ルンバが走れる！
出ていたモノは各部屋の収納の中に全部隠しました！
スッキリ
私の家事部屋も！
物置だった部屋が僕のトレーニング部屋に！
パパもママも自分のスペースで時々リフレッシュできれば
心にゆとりを持って子どもの相手ができるでしょ
モノが見えないってこんなに気持ちがいいんですね
教えた通りでしょ

私たち収納も部屋の使い方も「こうあるべき」「失敗できない」って
結局どうしたらいいかわからなくなってました
でも臨機応変に柔軟に考えていいんですね！
そう！
2人とも完璧主義なうえに7割収納なんて言ってどこの収納も死んでたけど
モノは収納の中に隠して「すっきりした景色」をキープすることが大事なのよ
いい？あなたが仕事で頑張るために大事なのはラクすること！
頑張らなくていい仕組みを私が作ったんだから景色をキープして
とにかく母ちゃんは機嫌よく生きるのよ！

1年後――…
大変
もうこんな時間!
洗濯物も畳めてないけど
とりあえずここに隠そう!
ぼすっ
古堅純子先生へ――
先生のおかげで
頑張らなくても家事が
回るようになり
家族との時間も
楽しめるように
なりました
頑張らなくても
今日も家がきれいだ!
みんな
出かけるよ
心にゆとりができたことで
このたびキャリアアップの
ため転職することに
決めました
不安もありますが
挑戦したいと
思います!

解決のヒント……その1

「大は小を兼ねる」と思って収納ケースを選ばない。

押し入れ収納でみなさんやりがちなのが、押し入れの奥行に合うサイズの大きな引き出しタイプのプラケースを使うこと。「大は小を兼ねる」し、たくさん入るほうがいいと考えがちですが、このタイプのケースは奥行も深さもあるので、中にモノをたくさん入れると引き出すときに重くなってしまいます。

すると、たとえば1枚のシャツをしまうのに、毎回20枚のシャツが入っている引き出しを動かさなくてはいけない、ということになり、モノの出し入れがおっくうに。**引き出す「重さ」って意外と盲点で、「軽く引き出せる」というのはみなさんが思っているよりも実は重要なんです。**

そんなわけで、普段使いのモノを入れるのに引き出しを使いたいなら、中サイズか小サイズを選んでください。大きいサイズの引き出しは、普段出し入れしないモノを「埋める」ときに使うのにぴったりです。収納ケースを買ったのに片付かないと悩んでいる人は、目的とサイズが合っているかを見直してみましょう。

解決のヒント……その2

家事と子育てと散らかった家に疲れたら

色々な方から「週末ビフォーアフター」にSOSがありますが、中でも多いのが忙しいママさん。特に乳幼児がいる家庭では、毎日子育てでバタバタ、家事も片付けも回らない……と悩んでいる人が多いですよね。

そんな方にはまず**「目の前の子ども優先に考えて」と伝えたい**。思い出の品、自分の趣味のモノ、いつか使いたいモノなどはいったん寄せたり埋めたりすることで、暮らしの中心からどかしましょう。限られた時間の中で子どもの世話や支度、家事をしなくてはいけないので、まずはそのためのモノを使いやすく配置してみて。このエピソードのように洗濯物は「カゴに放りこむだけ」にするなど、なるべくハードルを低くしましょう。

子育てで忙しい時期は、「過去」や「未来」、「自分」にまつわるモノよりも、「今の子どもとの生活」を優先して、子どもとの時間を大切にしつつ毎日を乗り切れたらいいですね。

第2話 散らからないはずの家

そして新居が完成
わ〜！ すごい！
こんなに収納が！
洗濯動線も
完璧！
注文住宅にして
よかったね
さらに数年たち…
現在
ごちゃあ…
ブーッ
とおりまーす
やめてー

ママー
なあに？きぃちゃん
ねえ　おうちにお友達呼んでいい？
う〜ん…おうちが片付いたらね
この前もそう言ってた…いつ片付くの？
そっ　そうね
お片付けしなきゃね
このままではまずい！
カラーボックス購入
引き出しケース購入
…おかしいな
全然変わらない
今度の週末はもう少しお片付けしよう
週末　近くにできたショッピングモール行ってみようよ
わーい♪
…ってまたモノが増えてる

家を建てたらきれいに暮らせると思ったのに～！
もう限界！
誰か助けて～!!
あらあら
散らからない家のはずなのに大変なことになってるわね！
あ…あなたは…！
片付けられない人の性格まで変えると噂《うわさ》の救世主…！
古堅純子よ
散らかってるわね！
こんなはずじゃなかったんです

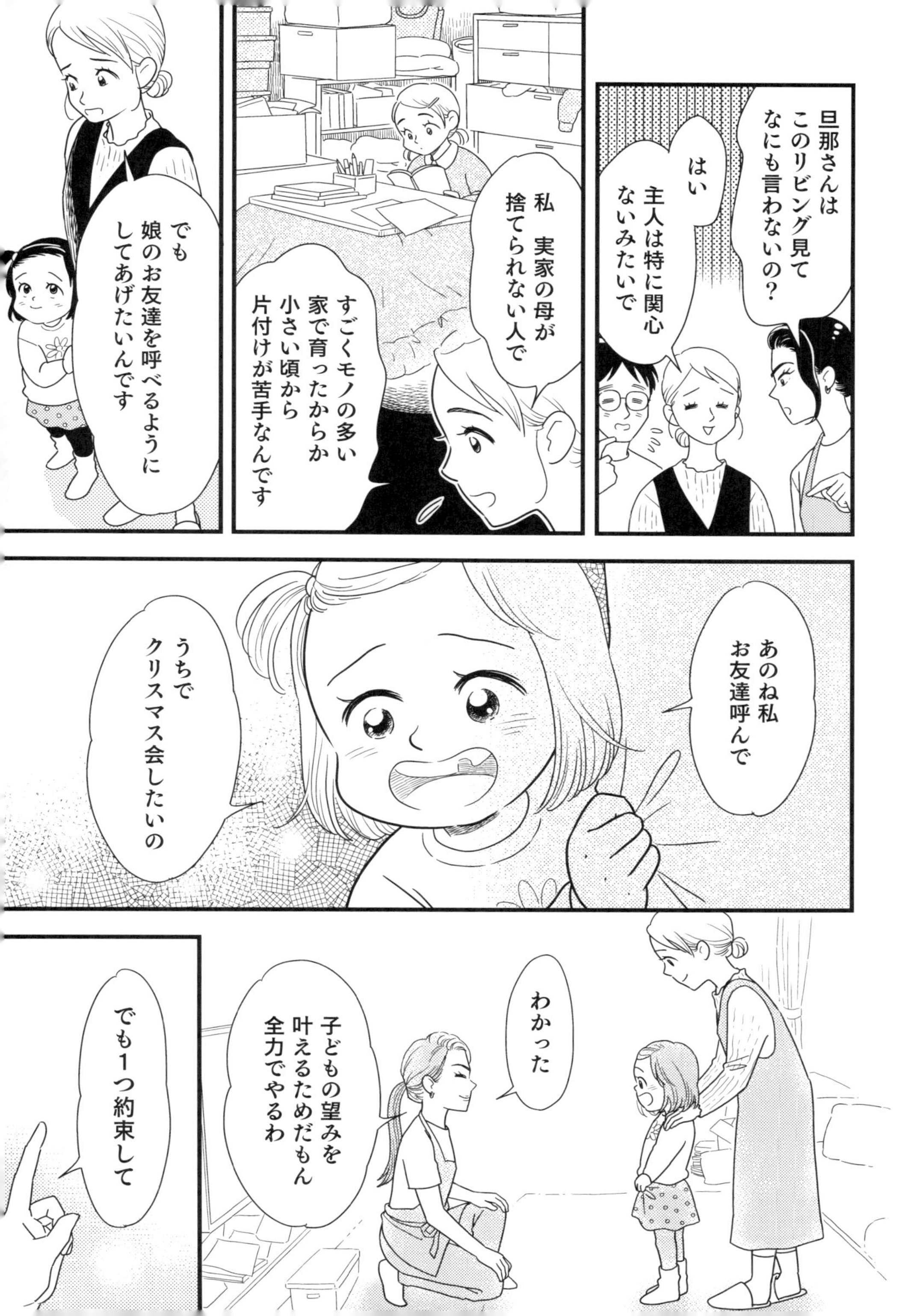
旦那さんはこのリビング見てなにも言わないの？
はい
主人は特に関心ないみたいで
私　実家の母が捨てられない人で
すごくモノの多い家で育ったからか小さい頃から片付けが苦手なんです
でも娘のお友達を呼べるようにしてあげたいんです
あのね私お友達呼んで
うちでクリスマス会したいの
わかった
子どもの望みを叶えるためだもん全力でやるわ
でも1つ約束して

パパとママは
心を入れ替えて
ルールを守る
できるかしら？
片付けられない
私たち家族も
変われるの…？
ぎゅっ
はい…！
この家を蘇《よみがえ》らせる
ためなら
なんでもします！
よし
じゃあみんなで
やりましょう
私が来たんだから
大丈夫！
今年はおうちで
クリスマス会よ！

まずは おもちゃね
片付けが苦手な人は 多く持たないのが 本当は一番いいんだけど
私の親も夫の実家も 初孫でたくさん 買ってくれて
知育玩具
よく遊ぶのは一部のはず だからここで遊ぶモノを 厳選しましょう
きぃちゃん できる?
はい!
1階に置かない分の おもちゃは 2階の子ども部屋に しまってね
収納に余裕が出れば 子どもでも戻しやすく なるはずよ!

パパママ
片付ける前に
このリビングを見て
床置きのモノ
カウンターの上に
置きっぱなしのモノ…
子どもはこの景色を
毎日見て育つのよ
どう思う？
！
どんっ
この家の問題は
間取りでも
収納でもなく親！
・使ったモノは戻す
・「置いていい場所」「置かない場所」の境界線を守る
あなたたちが
守らなきゃ
いけない
ルールは2つ
おお〜
まずはカウンターと
テーブルを離します！
あの〜
SNSで見る
素敵なおうちは
横並びなんですけど
ダメですかね？

わさぁ…
横並びだと回りこんでキッチンに行くのが面倒だからモノがたまるの！
あなたたち面倒くさがりなんだからキッチンは出入りしやすくが命！
さっそっち持って
せーのっ!!
─数時間後
キュ。。。
よし！
これで完成！
すごーい！スッキリ…！

でも私
ちゃんとキープ
できるかな…
ガラガラ…
大丈夫！
出しっぱなしにして
いい場所もちゃんと
作っておいたから！
OK
このワゴンは
「置いていい場所」！
書類とかよく使うモノは
ここにまとめてあるわ
カウンターと
テーブルの上は
「置かない場所」！
この境界線を
守ること！
NO
そしてなんと！
人が来たときは
このワゴンごと
収納の中に隠せばいい
ってわけ！
ガラ
ガラ…
すごいでしょ？
パタン
すごすぎます〜！

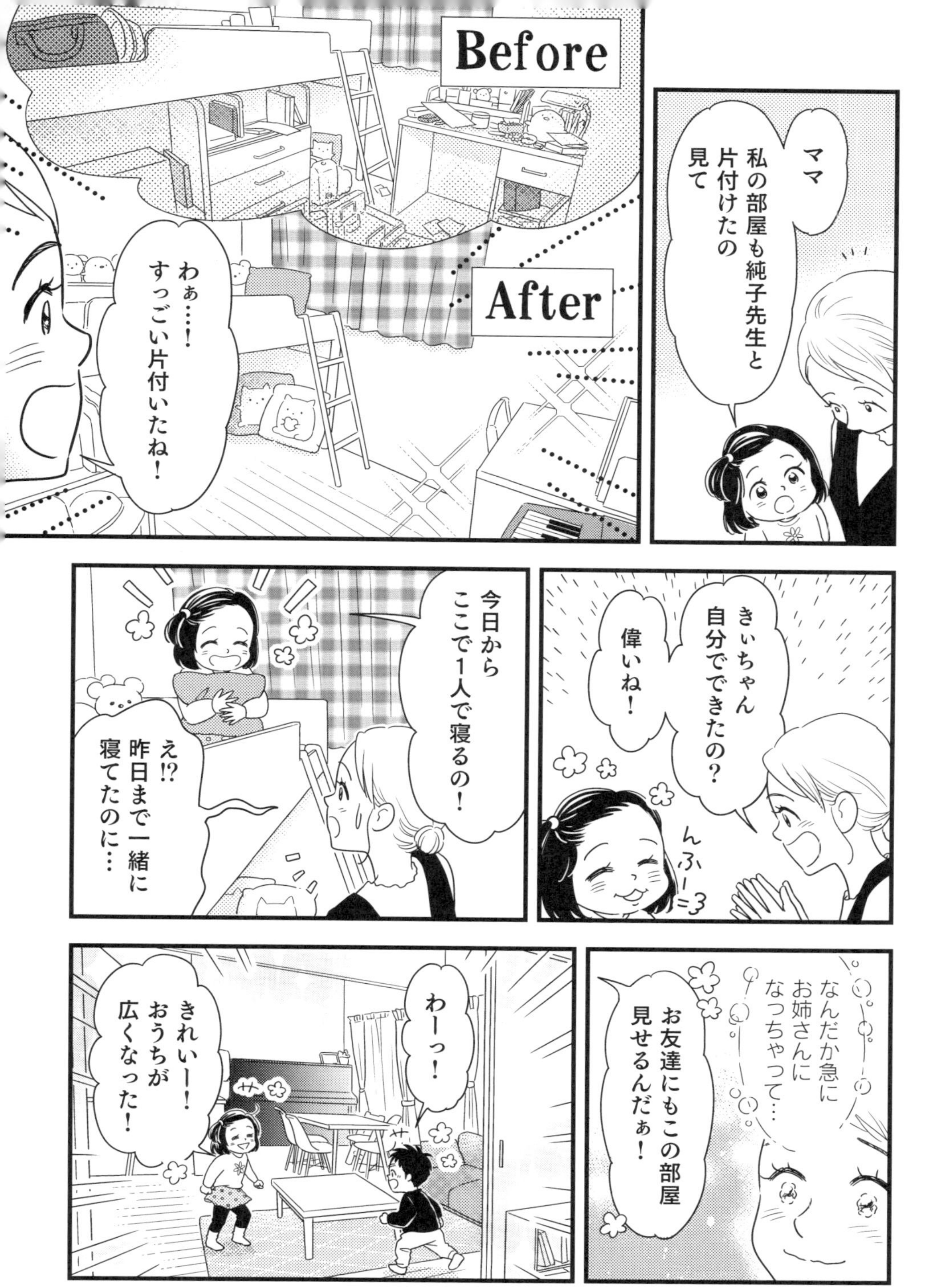
ママ
私の部屋も純子先生と
片付けたの
見て
Before
After
わぁ…！
すっごい片付いたね！
きぃちゃん
自分でできたの？
偉いね！
んふー
今日から
ここで1人で寝るの！
え!?
昨日まで一緒に
寝てたのに…
なんだか急に
お姉さんに
なっちゃって…
お友達にもこの部屋
見せるんだぁ！
わーっ！
きれいー！
おうちが
広くなった！

わーい
わーい
きぃちゃんは7歳だったわね
はい
7歳になるまであっという間だったでしょう
次の7年はきっと一瞬
そのうちお友達と出かけるようになるでしょう
お友達を呼びたいって言ってる今を一緒に楽しめるように頑張ってね

はい！
まずは私たちが
変わります！
後日
きぃちゃんち
きれーい！
あとでお部屋
見ていーい？
いいよ！
純子先生
おかげさまで今年は無事に
娘のお友達を呼んで
クリスマスパーティーが
できました

「この家は誰もモノを元に戻さない」と言われてしまった私たちですが
もーママ！
ここには置いちゃだめだよ
ごめんごめん
娘はあの日から我が家の片付けリーダーとなり率先して片付けてくれますし
バックしまーす！駐車場に停まりまーす
なんと息子まで使ったおもちゃを自分で片付けられるようになりました
ねえママまたお友達おうちに呼んでもいい？
もちろん！
古堅純子先生
本当にありがとうございました！

解決のヒント……その3

流行りの3段ワゴンは難アイテムと心得よ

このエピソードでモノを「置いていい場所」として登場するキャスターつきの3段ワゴン。最近ではインテリアショップなどでよく見かけますが、古堅式としては「100歩譲ってアリ」と言いたいくらい、使い方に注意が必要なアイテムです。

まず、キャスターで動かせる利点はありますが**中身が見えるので「モノを収納する場所」ではないと心得てください**。ではなにに使うかというと、**チョイ置きが発生しがちなダイニングテーブルを更地に戻すため、書類や文房具などのモノの逃がし場所として使うのには適しています**。キャスターがついているので、使うときはダイニングテーブルの近くに寄せて、普段はできるだけ「死角」になる場所に置くことで、ダイニングの景色をキープするのに役立ちます。

ただし、中段と下段はモノの出し入れがしづらく、上段にばかりモノが溜まっていくことが多いので中身の定期的な見直しが必須。中身が増えたからといって、ワゴン自体を増やしてしまうと部屋が散らかって見える原因になるのでやめましょう。

解決のヒント……その4

「元あった場所に戻す」、家族でできていますか？

共働きの家庭が多い現代、親も子も忙しいので、片付けをつい大人がやってしまう、というおうちも多いでしょう。でも、ちょっと考えてみてください。**子どももいつか大人になります。大人になったり親になったからといって、急に片付けができるようになるわけではありません。**

まずは「使った人が元あった場所に戻す」を家族全員で徹底しましょう。使いやすい収納があったとしても「使ったら戻す」をやらなければ、どんな家でもすぐにモノがあふれます。子どもも保育園や学校では「使ったら戻す」ことをやっているので、家でもできるはずです。

小さい子どもや片付けが苦手な人には、そもそも「しまう」ことはハードルが高いので、「置くだけ」「放りこむだけ」というように、簡単に出したり戻したりできる仕組みにします。子どもがおもちゃを戻す場所は、子どもでも出し入れしやすく、戻しやすい位置や高さに定位置を作りましょう。「引き出し」は小さい子どもにはハードルが高いので、出したり戻したりができるようになってから少しずつ導入していくとGOOD。おもちゃの量を多くしすぎない、よく遊ぶモノを選ぶ、ということも意識してください。

第3話 里帰り出産ができない家

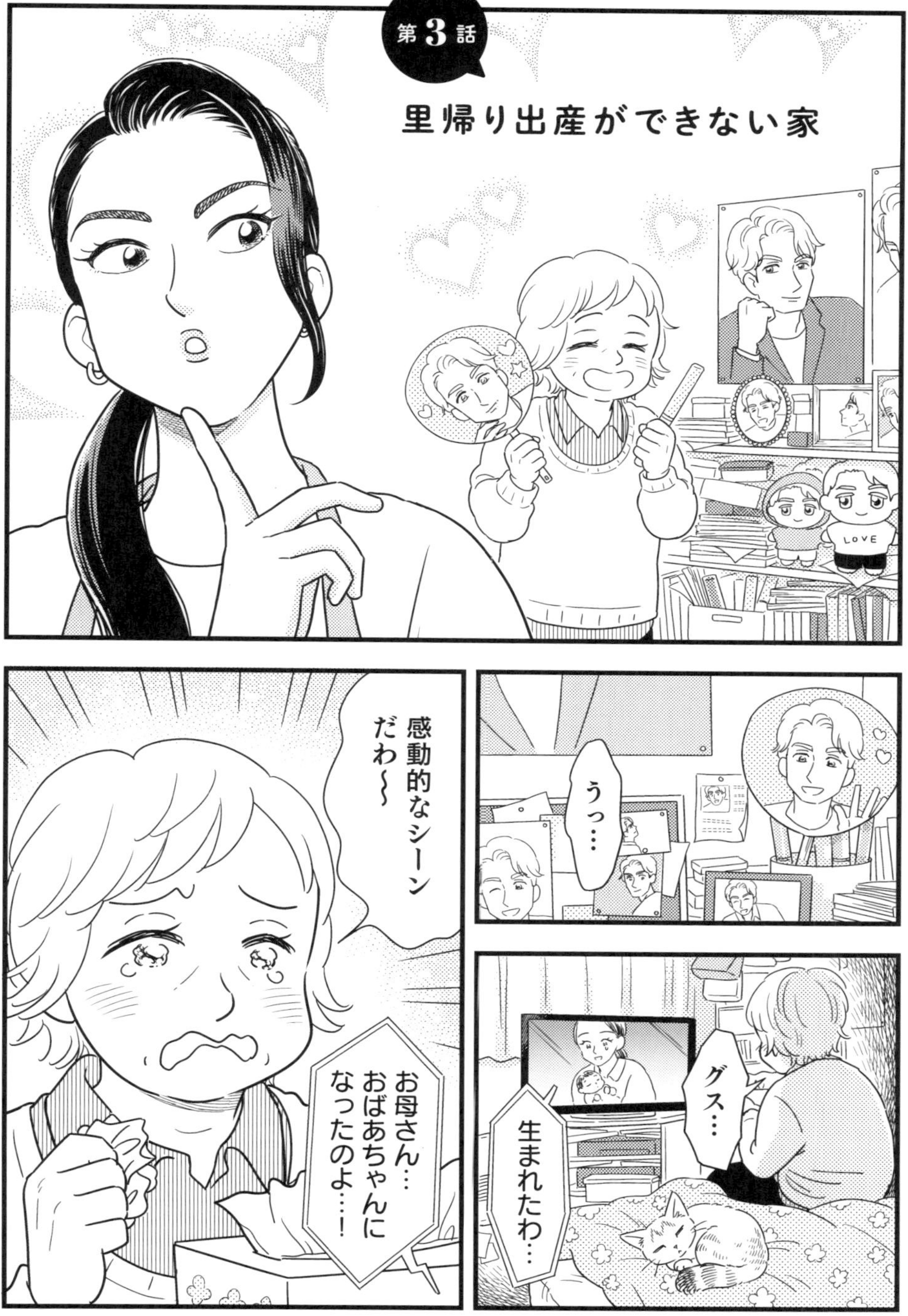
うっ…
グス…
生まれたわ…
感動的なシーンだわ〜
お母さん…おばあちゃんになったのよ…！

また韓流ドラマ見てるのか
それもいいけどマミと連絡とってる？
予定日もうすぐだろ？
く マミ
どうしてる？元気？
赤ちゃんは順調？
そうなんだけど…
わが娘ながらそっけないのよね～ちょっと聞いてみるわ
うん、まぁ順調
たまには帰ってきたらどう？
出産したらうちでしばらく暮らすんでしょ？
申し訳ないけど…
おかき
申し訳ないけど…
あんな汚い家は無理
えっ!?
え～！そんなぁ～！
赤ちゃんが生まれてもあの家には
連れていかないから

このままじゃ
生まれてくる赤ちゃんに
会えないかも!?
でもなにをどう
片付けたらいいのか
わからない!
ピンポーン
大丈夫!?
なんだか
緊急事態みたいね?
あっ!
あなたは…
ズボラ族への愛の鞭《むち》で
知られる古堅純子さん!
なんですって?
あっ
いえいえ…
ここ
リビングよね?
誰かがここで
寝てるの?

韓流ドラマが好きで…
私ですテレビを見ながら寝たくて
出たっ！私に片付け頼む人ってリビングで寝たがる人が多いのよね～！
私も旦那ももう慣れてるんですけど
娘が…
お母さん！いい加減にモノを捨てて減らしてよ
この家はお母さんだけの家じゃないのよ！
そう言ってもう何年も前に家を出たんですけど…
その娘が来月出産なんです
でも汚いから家には行かないって…
古堅さん…この家を変えてください!!
もちろんよ！
ただ問題はどうやるか
旦那さんはこの状態に対してなにも言わないの？

はい
旦那は私の
言いなりなんで
隣の和室が
旦那の居間って感じです
まず
リビングダイニングは
みんなの場所なんだから
お母さんは
2階で寝ない？
今はモノで
埋もれてるけど
2階にはお母さんが
前に使ってた
ベッドがあるでしょう
うーん…
でも
寝るだけは
ここで寝たいです
お父さんの
ベッド
家族のリビング
なんだから
そこにベッドは違うと
思うんだけど
でもこれソファベッドで
布団をどかせば
ソファとして使えるんで
来客のときはそうすれば
いいかなって
お母さんは几帳面《きちょうめん》じゃないから
ベッドの周りに色々置いて
どうしても散らかしちゃうでしょ
ごちゃ…
でも
家事の動線も慣れてるし
ゴゴゴ…

リビングって
家族みんなの場所じゃないの？
お母さんが家族のスペースを侵食しているかぎり
残念だけど娘さんとの溝は埋まらないと思うわ
出産は娘と孫のために お母さんが変わる 最後のチャンス！
モノは捨てなくていいから 新しい場所にお母さんのスペースを作らない？
娘と孫がお泊まりできる部屋も作って
家族がリビングダイニングで食卓を囲めるようにしましょうよ
最後のチャンス…
私 孫が生まれるの 本当に楽しみにしてるんです
娘と孫と この家で過ごしたい―
やってみます…!!

よかった〜！
リビングダイニングは家族みんなの場所
娘さんの出産までにズボラなお母さんでも景色をキープできるリビングに生まれ変わらせるわよ！
私が来たんだから大丈夫!!
片付いた清潔なリビングになればお母さんは自分の部屋で今までのように好きなように生活していいのよ
好きなモノがあるっていうのはいいことなんだから
推
はい！
そうと決まったら…
このリビングからお母さんのモノを全部出して
今洗濯物が積み上がってるダイニングテーブルも使えるようにするわよ

ベッドの次にリビングにあってほしくないのがこの洗濯物の山ね…
家族が花粉症で1年中部屋干ししてるんです
リフォームで部屋干しの竿《さお》をつけたので移動できなくて
なにかいい方法を考えましょう
カッ
この棚はあっちに移動…
こっちの棚はあれと交換…
目メジャー発動
説明しよう！
純子は見ただけで
棚や収納ボックスの
サイズがわかり
移動させた場所に
ピタリとはめられる
技を持っているのだ！
…いけるわ！
部屋の配置が決まったから
一気にモノを動かすわよ！

Before
できました〜！
After
お母さんの大量のモノを全部2階に移動して
ダイニングテーブルが洗濯物置き場にならないようにリビング側に寄せたわよ
嬉しい！棚がある！
畳んだ洗濯物の置き場所はダイニングテーブルの代わりにこの棚を使って！
さぁ2階にはお母さんの夢の部屋よ
まったく！この家は9割お母さんのモノ！
大量のお母さんのモノをどうするかが問題だったんだけど…

安心してください！
1つも捨ててないわよ～
推し活グッズは収納の中に
埋めまくりました
この部屋はポスターでも
なんでも貼っていいからね
チューしても
いいわよ
きゃ～～♡
ここは散らかしてもOK
でも
家族みんなの
リビングダイニングには
私物を置かないこと
はい！
頑張ります！
数日後──…
もうすぐばーばの
おうちに着きますよー

片付いたって聞いたけど本当なの…？
あのズボラなお母さんが…？
うそ！片付いてる…！
マミいらっしゃい！きれいになったでしょ？
あなたと赤ちゃんが安心してこられるように片付けたの
すごい…！
お母さん変わったね
あなたと赤ちゃんに会いたいもの！
——古堅先生へ

娘は無事出産し孫を連れてきてくれました
先生のおかげです
ほらっ お風呂は先にこれを準備して…
お母さんすご～い
テキパキ
誰があなたをこうしてお風呂に入れたと思ってるの
気持ちいいねぇ
思い出すわ マミもお風呂大好きだったのよね
ありがとう お母さん
あの日 片付けていただけなければ 娘はこの家に帰って来なかったかもしれません
本当にありがとうございました！
あらっ お母さんのアイコンが韓流スターから孫ちゃんに変わってるわ
本当に

解決のヒント……その5

「推し活」は活力！　境界線を守って楽しもう

このエピソードに登場した韓流好きのお母さん同様、最近流行《はや》りの「推し活」でモノが増えて困っている方も多いのではないでしょうか。

個人が好きなモノは、基本的には各自の部屋で管理します。リビングは「パブリックスペース」。家族みんなの「団らん」「くつろぎ」のためのスペースですから、境界線を守りましょう。

部屋がない場合は、たとえば中身が動いていない収納を見直して、「戸棚の中のこのスペースだけは」と推し活グッズを集めて飾るスペースにするのも楽しいかもしれません。

古堅式が目指すのは「大好きなモノに囲まれてスッキリ暮らす」ということ。家族みんなで推している対象であれば、リビングにある程度グッズを飾ったり並べるのもいいでしょう。この家は孫の誕生で、お母さんの韓流推し活が夫婦での孫の推し活に変わった様子。夫婦共通の推し活も、楽しみを分かち合えていいですよね。人生後半、片付けてスペースを作ることで、好きなこと・やりたいことを見つけて家族と楽しめる——素敵なことだと思いませんか？

「寝る、食べる、くつろぐ」を大事にしていますか?

このエピソードに登場するお母さんはリビングに置いてあるソファベッドで寝ていましたが、リビングで誰かが寝ている家で話を聞くとその理由はさまざま。テレビを見ながら寝たい、ほかに寝られるスペースがない、別の階の寝室に行くのが面倒……など。ただ、「リビング＝パブリックスペース」というのが大前提ですから、そこで寝るのは相当ハードルが高いと考えてください。朝起きて、布団をきっちりしまってそこに寝ていた気配を一切残さないなら、リビングで寝るのもアリだと思います。でもたいていの場合、布団が広げっぱなしになったり、寝床の周りに私物が置かれたりするんですよね……。こうなるともう、リビングが「家族がくつろぐスペース」ではなくなってしまいます。

家の中のどのスペースをなにに使うかは、住む人ごとに違うもの。絶対の正解はありません。居住スペースや家族構成によっては、家族みんなのための「パブリックスペース」と個々の家族のための「プライベートスペース」をきっちり分けるのは難しいかもしれません。でも、**「寝る、食べる、くつろぐ」この3つがちゃんとできているかということだけは、最優先で考えてほしいと思います**。「寝る、食べる、くつろぐ」は人間の基本。家でそれができなかったら、一体

解決のヒント……その6

なんのための家でしょうか。

雑多なモノのせいで落ち着いて「寝る」場所がない人。ダイニングテーブルの上にモノが積まれて家族一緒に「食べる」ことができない家。リビングに推し活グッズや洗濯物、大量のおもちゃが置きっぱなしで「くつろぐ」ことができない家族……。こんな家はどこも、モノがあふれた結果、生活の基本が滞ってしまっているんです。

雑然とした景色も見慣れてしまい、そのままでも暮らせているのでそれほど困っていないと思うこともあるかもしれませんが、大量のモノのせいで「寝る、食べる、くつろぐ」が後回しになっていたら、本末転倒です。

散らかった家のどこから手をつけたらいいかわからない、という人はまず「寝る、食べる、くつろぐ」の3つが落ち着いてできるかチェックしてみましょう。家の中でまず動かすべきモノが見えてくるはずですよ。

第4話
息子の部屋が作れない家
どんっ
あとお米と…
ポチッと
あ、そうだ
サプリのストックも
買わなきゃ
ただいま
ケンタ
おかえり

今日クラスのヒロくんの家に行ってヒロくんの部屋で遊んだんだよ！
あら よかったねぇ
そういえばケンタももう小学2年生なんだし自分の部屋が欲しいわよね
おかえり
だけど同居の母もいるし部屋が足りないわ
宿題しなさいよ
リビングもこの散らかりじゃお友達を呼べない
よーし
ポチっと！
数日後—
プラケース
ママまたなにか買ったの〜？

私もケンタも自分の部屋がないからリビングの収納を増やすしかないと思ってね
まずはここに散らかったモノを収納して整理整頓から始めるわ
なにこれ生活感丸出し
たしかに…!?
ぷいっ
どんどんリビングが狭くなってる…
もうどうしたらいいの…?
あらあら
素敵なリビングがプラケースに侵略されちゃったのね

…あなたは！
ブルドーザーも
びっくりの
片付け名人
古堅純子さん！
やあねぇ
やたらめったら
ブルドーザーするわけじゃ
ないからね！
ところで
玄関に大量の段ボールが
積んであったけど
あれはなに？
…色々と注文したモノが
あそこに溜まっちゃって
ふーん…
それで？
この大量のプラケースは
なにが入ってるの？
息子の洋服です
私とケンタは
自分の部屋がないので
夜はリビング横の和室で
寝てるんですけど
和室はもう
モノでいっぱいで

あは…
でもどんどん散らかっていくリビングがストレスで…
ごちゃあ…
棚の上もチョイ置きの嵐!
だいぶごちゃごちゃしてるものね
これを機に2階に自分たちの部屋を作れたらと思っていて
ばーばの部屋
パパの部屋
お姉ちゃんの部屋
2F
和室
リビング
1F
今ばーばが使っている部屋をケンタと私がもらって
和室をばーばの部屋にしたいんです
わかったわ
とにかくまずは1階の景色から変えましょう!
私が来たんだから大丈夫!!
リビングもあなたも家族もぜーんぶ変えてみせるわよ!

2階のおばあちゃんのモノを移動させるために和室を更地にするわよ
押し入れの中身も全部出して！
リビングに必要ないモノはいったん2階に持ってくわよ！
ブルドーザー純子発動
ママのモノが多いったら！
ドドド
なんで孫の手が6本もあるのよ!?
6時間後——…
さあ
ママ念願のスッキリきれいなリビングの完成です
ぜぇ
はぁ…
スッキリ！
すごい…！

別のおうちに来たみたい！
わーいっ
リビングと和室の景色は変えられたけど
本当の問題はここから
ママとケンタの部屋を作りたいのよね？
うん！部屋に友達も呼びたい
わかったわ今日できるゴールを目指しましょう
時間内でできる限りはやったけど…
ごめんなさいママのモノの量が多くて
今日は2人分の寝床を確保するのがやっとだったわ
ケンタ…

そりゃそうよね
リビングの景色を見てから
この部屋じゃね…
ケンタの喜ぶ姿を
見るためには
どうしたらいいか
よく考えて
ぎゅ…
それからの1ケ月
よく使うモノは
こっちの棚に入れた
ほうがいいかな
古堅さんが日常の
行動動線上に収納を
配置してくれたおかげで
あんなに苦手だったのに
どこになにをしまえばいいのか
パズルをはめるみたいに
わかってきた
よーし！
もうこれも
バイバイしちゃお
可燃
可燃
この服も一緒に
処分してくれる？

ずっと着てないからいいのよ
えっ…
いいの？
お母さん
昔は古い布巾1枚
捨てられない人だったのに
ママ
おやつちょうだい
宿題終わったから
最近ママに言われなくても
宿題できるようになったね
どうしちゃったの？
それでねママ
昨日学校でね…
へえ〜
思春期の娘も
たくさん話して
くれるようになって
嬉しい
散らかっていると
家族で落ち着いて
座れなかったけど
家族みんなで
テーブルを囲める
ようになったから
だよね
最初の片付けから
1ヶ月後
どう？
1ヶ月たったけど

もう
すごいです！
景色を変えるって
こういうことだったんだ
って感動すること
ばっかりで！
ね？
景色が変わると
気持ちも変わるって
本当でしょ？
さぁ
今日はいよいよ
2階ね！
あれ？
モノが減ったように
見えるけど？
減らしました！
売ったり
処分したりして
すごいじゃない！
あんなに大量のモノを
よくここまで
減らしたわね
思い返したら
部屋が乱れてきたのって
この2～3年だったん
ですけど
その間に25キロ近く
体重が増えて
ぷく
ぷく
でも今は家事で
よく動くようになって
自然に体重が落ちてきた
んです
やっぱり！
今日会ったときに
痩せたなと思ったのよ

「欲しいモノを買いたい」とか「食べたいモノを食べたい」って似た感覚なのよね
でもやっぱりその人の「持っていい量」とか「食べていい量」ってあるからね
仕分け中
以前は買うだけで満足しちゃって実は開封してないモノとかもあったんですけど
片付いたら買い物も減りました
それで…この部屋はやっぱりケンタ1人の部屋にしてあげようと思って
いいじゃない！ケンタ喜ぶわよ～！
でもそうなるとママとパパが1つの部屋を一緒に使うことになるけど大丈夫？
主人は仕事スペースがあればなんでもいいみたいです
じゃあパパの仕事部屋兼夫婦の寝室も作りましょう
ケンタが帰ってくるまでに急ピッチで進めるわよ！
はいっ
ただいま～！
ママ～？
MUSIC

マ…
びっくりした？
驚きすぎて声が出ないみたいだけど
……
これが新しいケンタの部屋よ
ケンタはここで寝てもいいしパパの部屋で３人で寝てもいいからね
僕…僕ここで寝たい!!
やったああ!!
じゃん！
パパの部屋はこうなりました
仕事スペース
寝るスペース
わぁ
これなら主人も喜ぶと思います
ありがとうございます…！

ママが意識を変えて片付けを頑張ったからよ
古堅さん…私
家が片付かないことをずっと気にしていたので…
あはは
ポロポロ…
だから家族が喜んでくれてほんとに嬉しい…!
私 古堅さんのおかげで「片付けってこうやるんだ」ってことが少しわかりました
大枠を作ってどこになにを置くか決めて動線を決めることが大事なんだって
きれいに収納したり減らしたりはそのあとなんですよね

その通り！
引き出し1つ整えたって
なにも変わらないからね
まずは景色を
変えるのが先
もうこの家は私が
来なくても大丈夫ね！
――あれから
ケンタは自分の部屋が
できたのですぐにお友達を
たくさん連れてきて
とても嬉しそうでした
私もまだまだ片付けの
試行錯誤を続けていますが
おうちはきれいな状態を
キープできているどころか
家事も掃除もしやすいので
どんどんきれいになっています
古堅さん
これからも片付けで
ハッピーになる家族を
増やしていってくださいね

解決のヒント……その7

収納を1段ずつ片付けるのはおすすめしません

片付かないことに悩んで、色々な「お片付け法」を試したことがあるという人も多いのでは？　よくある片付けの方法で、「まずは引き出しの1段を片付けてみよう」というものがあります。狭い場所を片付けることで、片付けに慣れたり片付けのハードルを下げることが狙いなのだと思いますが、この方法はおすすめできません。**なぜならば片付けで目指すべきは、部屋を片付いた景色に変えることだからです**。景色を変えるためにはスペースが必要です。でも引き出しの中を片付けたところで、スペースはできません。また、引き出し1段でも1つ1つのモノと向き合うと時間も体力も奪われ、「これをあと何回繰り返すのか……」と絶望的な気持ちになってしまいます。

とにかく、**モノを寄せて部屋の景色を変えること。景色が変われば気持ちが動いて、このエピソードに登場した家族のように、人は変わっていきます**。モノと向き合って1つ1つ「使う？　使わない？」と考えるような片付けは、景色を変えたあとでやってください。

解決のヒント……その8

みんなモノを増やしすぎ！　収納グッズ増やしすぎ！

片付かないことに悩む、モノがあふれているおうちというのは、なにもかもが少しずつ多い、という印象です。洋服、日用品や食品のストック、取っておきたい書類、おもちゃ、思い出の品などなど……。それに**慣れていると「多すぎる」ということになかなか気づきません。それどころか、「ちょっと多めに買っておく」「気になったらすぐネットで注文する」ことが習慣になってしまう人も多いです**。そして、「片付かないから収納ケースを買ってしまわなくちゃ」と買った収納グッズの量も多い！

収納グッズを買えばモノは片付きますが、部屋の景色を壊してしまいます。また、「週末ビフォーアフター」チームで片付け作業をした後、余った収納ケースの山ができることもよくあります。お金を出して買ったのに使わない収納ケースの山を見ていると、なんだか悲しい気持ちに……。収納グッズを増やす前に、「あれもこれも」と持ちすぎではないか？と、ぜひ考えてみてほしいと思います。

第5話
高齢出産夫婦の疲れる家
産婦人科
赤ちゃん順調に大きくなっていますよ
ようやく私たちのところに赤ちゃんが来てくれるのね
信じられないね 生まれてくるのが楽しみだ

兄
おめでとう！準備は順調？
うちの子の小さいときの服よかったら使って
………
お兄ちゃんありがとう！
姉
家族に赤ちゃんが生まれるなんて15年ぶり！
古いおもちゃだけどよかったら使って
………
お姉ちゃんありがとう！
5年後――…
まて～
きゃっ
きゃっ
っ…疲れた
そろそろ帰ろうか
やだ～！もっと遊ぶ！
わかった！スーパーでなにか買ってあげるから！もう帰ろう！
またおもちゃ付きのお菓子買ったの？

いや〜公園遊びも
体がしんどくって
あとはもう家で
遊んでもらおう
と思って
わかるけど…
子どもは可愛いけど
この散らかった
リビングにいると
なんだか疲れが
増す気がするのよね…
はぁ…
2階もぐちゃぐちゃ
だけどなにから
手を付けたらいいやら…
いっそ片付けのプロ的な
人が来てなんとか
してくれないかなぁ…
ひょこっ
呼んだ？
5000軒を片付けた
プロですけど
わあっ！
あなたは！
自由自在に部屋を
変化させる魔法使い
古堅純子さん！

玄関に子どもの靴がたくさんあったけど子だくさんファミリーなの？
いえ子どもは2人で5歳と2歳です
ただ高齢出産だったのでお下がりを親戚や知人がたくさんくれて
僕が53歳で
私が45歳です
その歳で5歳と2歳を育てるのはそれは大変よぉ
私30歳で長男産んだけどヘトヘトだったもの…
この年齢の子がいたらそりゃあ散らかるわよね
この家は1階にリビング2階に大小の2部屋があるみたいだけど
それぞれの部屋をどうしたいの？
えっと…
……
この家はもともと僕の実家だったんです
なんとなくで暮らしてきたのでどう変えればいいのかも思いつかなくて
うーんでもどうしたいのか希望を聞かないことにはね…

…うーん…
じゃあママ
今 一番つらい家事はなに?
えっと…
仕事のあと急いで保育園に迎えに行って…
ご飯を作って
お皿洗って
洗濯物片付けて
ただ毎日をこなすのに精一杯で…
全部…
…全部つらいです

うっ
うっ…
そうよね
気持ちに余裕がなくなっちゃってるのよね
私が来たんだから大丈夫
片付いて落ち着いた景色になれば
疲労感も減るからね
私も妻も疲れて片付けられないし
なにをどうしたらいいのか本当になにも思い浮かばなくて…
古堅さんなんとかしてください!
わかったわ!
「おもちゃ」と「夫婦のモノ」
この2つを攻略して疲れない家にするわよ!
どっちゃり
まずはおもちゃ
それにしても多いわね~!

私の兄と姉の子はもう成人してるのでお下がりをよくもらうんです
高齢出産あるあるね
あと若いときと比べて体力はないけどお金はあるから
子どもが欲しがったときに買っちゃってるんでしょ
よくわかりましたね
僕は戦隊ヒーロー世代だからつい息子にもおもちゃを買うんだけど子どもはすぐ飽きて…
「与えすぎ」じゃないかしら
子どもたちおもちゃを大事にしているように見えないもの
2人みたいに捨てられない
片付けが苦手
不器用
っていう人はモノを増やさないように意識したほうがいいわ
グサ
グサ
グサッ
わーっ
保育園に通ってる子は家で過ごす時間も短いからお気に入りだけ残して
それ以外はいったん埋めましょう
ドタバタ
元気な子にはモノよりスペース
家の中に動き回れるスペースがあればリビングにおもちゃを広げることも減ると思うわ

私…もらったモノは捨てちゃ悪いと思ってました
だけど今の散らかった環境のほうが子どもにはよくないんでしょうか…
そうよ
くれる人もあげたことで満足してるんだから
もらった人がそのあとどうしてるかなんて気にしてないと思うわよ
そうか…じゃあ捨てていいんですよね…
でもやっぱり悪い気が…
捨てる踏ん切りがつかないモノは庭に穴でも掘って埋めときゃいいのよ
安全第一
穴を掘れる庭はないんですけど…
そうだ！ガレージの物置が空いてます！
あらいいじゃないそうしましょ！
もし「あれがなーい」って子どもに言われたら出せばいいんだから
はいっ
なんだか踏ん切りがつきました！

スッキリ
数時間後—
すご〜い！
2人とも！リビングでおもちゃを使ったらここにお片付けしてね
この箱がいっぱいになっちゃったら入りきらない分は2階に片付けましょう
は〜い！
忙しいママが片付けなくていいようにルールも作っておいたからね
さて次は2階ね
「中年夫婦あるある」なんだけど
この家もパパとママのモノが多いのよね

この部屋の本やDVDはパパの?
はい 独身時代のコレクションです
今も見るの?
見ないですね…
やっぱり
子どもが生まれる前の家を引きずったままだから暮らしにくいの
使ってないモノはいったん埋めて景色を変えましょう
2階は広い部屋をモノのスペースと家事や遊びに使える空間
もう1つの部屋は寝室
こんな部屋の使い方でどうかしら?
お願いします!!
この機会に自分のモノで減らせるモノがないか確認してね
普段の生活で使わないモノは収納の奥にがっつり埋めちゃいますからね!
こと…
よしっ 完成!

BEFORE
AFTER
す…すごい…
一方を収納部屋にしてパパとママのモノを寄せて
もう一方はママの家事＆仕事スペースと
子どもたちが動き回れる広々スペースを用意しました！
自分の家じゃないみたい…
まったく別の部屋に生まれ変わったね！
どんな部屋も作り変えられるのが古堅式!!
まだモノは多いけどこの景色を見て2人とも意識が変わったんじゃない？
はい！キープするために使っていないモノはもっと減らします

よかった
2人ともぶっ倒れそうに疲れ切ってたけどこれでなんとかなりそう？
はい!!
気分もすごくスッキリしたので
まだまだ仕事も育児も頑張れそうです!!
純子先生へ
あのあと　子どもたちはしまいこんだおもちゃを思い出すことなく
リビングのおもちゃも遊んだら片付けてくれるようになりました！
おもちゃが減るとここまで変わるんだ…と私たちも驚いております
私たちも時にはお下がりを断ったり
食玩にも気をつけてモノが増えないように注意しています
純子先生
これからも体調に気をつけて頑張ってくださいね
頑張って子育てしている同世代がいるんだから私も負けてらんないわ

解決のヒント……その9

お下がりのモノは手放したっていい

少子化の影響、または「高齢出産あるある」なのですが、親戚から、知人からと、お下がりのおもちゃが次々と送られてきて、適正量をはるかに超えたおもちゃで家が占領されているおうちがよくあります。いただいたおもちゃを処分するのは罪悪感があり、でも子どもは結局それでは遊んでいなかったり……。

断言します。お下がりをあげたほうはあげたことで満足しているので、使う用途がなければ手放す判断をしていいです。使わないおもちゃに占領された家で生活するより、スペースがあって、子どもが動き回れて、自分で使ったおもちゃを戻せるほうがよっぽどいいですから。今まで見てきたおうちの子どもたちも100%、きれいに広くなったスペースを見ると、走り回って大喜びしていました。

子どもは、おもちゃを通してモノとの付き合い方を学びます。子どもには、モノを大切にする、片付けのできる人になってほしいですよね。でも、おもちゃが多すぎると、子どもが遊んだおもちゃを自分で元の位置に「戻す」ことが難しくなります。これでは「使ったモノを戻す」習慣がなかなか身につきません。大人になって買いすぎる、モノを増やしすぎることがないよ

解決のヒント……その9

うに、おもちゃは決められた枠の中に入るだけの量にして、むやみに増やさない、ということを親子で意識できるといいと思います。

さて、お下がりのモノを含め、使っていないおもちゃをどうするか。子どもに言わず勝手に捨てたり売ったりするのはＮＧ。あとから子どもが思い出して「あのおもちゃは？」と言い出さないとも限りません。

我が家も子どもが小さかったころ、おもちゃが増えてきたら一緒に「今遊ぶもの」とそうでないものに仕分けしていました。子どもは「高かったし」といったことを考えずにシンプルに判断できます。**遊んでいないものがあれば「使うお友達に遊んでもらおうよ」という話をして、子どもと一緒に、中古品を買い取ってくれるお店に持っていきます**。我が家では子どもが新しいおもちゃを欲しがったときにも、この方法で新しいおもちゃを買う資金を作るようにしていました。お下がりも処分して終わりではなく、おもちゃを通してモノを大切にすることを学ぶ機会にできればいいですね。

第6話
子どもの夢を応援したい家
判定
不合格
次の試験で頑張らなきゃ…
絵美ならきっと大丈夫応援してるわ

…そうか
絵美の国家試験
残念だったなぁ
ねえ私たちの寝室を
絵美の部屋に
替えてあげられないかしら
あの部屋が一番広くて
明るいし
気分が変わって勉強も
はかどると思うの
そうだな…
そうしよう
部屋を替えるといえば
最近婆さんが夜中に
トイレ行くのが
危なっかしいんだよな
ヨロ…
ならこれを機に
トイレに近いリビング横の
部屋をお婆ちゃんの寝室に
したらどうかしら
絵美の部屋
母の部屋
お婆ちゃんの部屋
仏間(父の部屋)
廊下
リビングダイニング
WC
NEW!
それがいい
もしものときのために
僕は隣の仏間で寝るよ
半年後…
なんとか部屋は交換
したけど…

仏間なのに
お父さんの寝床があるから
お線香をあげてもらおうにも
誰もお通しできないわね…
雑然…
絵美どう？
勉強はかどってる？
うん
まあそれなりに…
ならよかった
このへんのプリント
重ねておこうか？
そのままにしておいて！
わからなくなっちゃう！
もうっ！
ご…ごめん
じゃあ触らないで
おくね
絵美の試験の
タイムリミットは今年
広い部屋に移動したはいいけど
私たちのモノも残って雑然と
してるからなんだか集中
しにくそう
パタン…

不用品を集めて片付けはしたけど
どの部屋も散らかり放題
でももうこれ以上どうしたらいいのかわからない！
はっ
どうやらこの家の運気も停滞気味のようね
あ…あなたは
開運片付けの女神 古堅純子さん！
あの…私 娘を勉強に集中させてあげたいんです
家族の部屋を入れ替えたらとにかくどの部屋も散らかってしまって…
そうねぇ どの部屋にも服がいっぱい
娘さんとも話してみましょうか

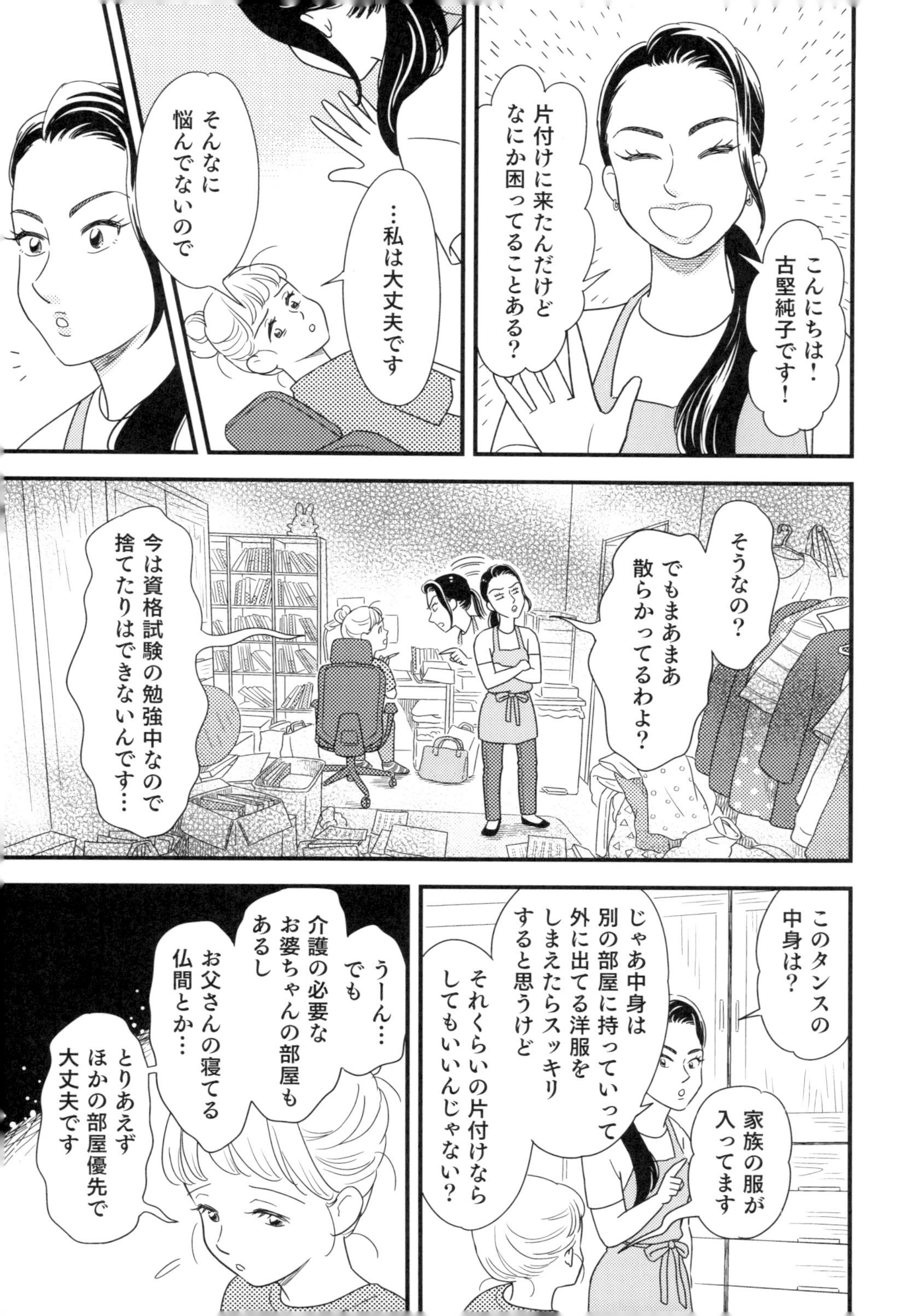
こんにちは！古堅純子です！
片付けに来たんだけどなにか困ってることある？
…私は大丈夫です
そんなに悩んでないので
そうなの？
でもまあまあ散らかってるわよ？
今は資格試験の勉強中なので捨てたりはできないんです…
このタンスの中身は？
家族の服が入ってます
じゃあ中身は別の部屋に持っていって外に出てる洋服をしまえたらスッキリすると思うけど
それくらいの片付けならしてもいいんじゃない？
うーん…でも介護の必要なお婆ちゃんの部屋もあるし
お父さんの寝てる仏間とか…
とりあえずほかの部屋優先で大丈夫です

そう？
じゃあほかの部屋
片付けてくるわね
パタン…
はぁ…
あのっ
今日
娘の部屋は
やらないんですか？
片付けは無理やり
させるものじゃ
ないからね
でも…
私が来たんだから
大丈夫よ！
悪いようには
しないから
とりあえず
まずはお父さんの部屋から
片付けましょう
お父さんの寝床は
ここじゃなきゃダメ
なんでしょう？
そうなんです
婆さんのそばで
寝たほうが安心だから
本当はお客さんも
通せる部屋にしたい
んですけどね…
お仏壇もあるし…
お婆ちゃんの
部屋

このお仏壇…
キラッ
リビングに置いても景色を壊さないんじゃないかしら
ジ――ッ
目メジャー
見ただけでサイズがわかり移動させた場所にピタリとはめられる純子の特殊能力
…うん！いけるわ！
手伝いに来たよ～
近所で一人暮らし中の息子です
助かるわ
お仏壇を移動させて…
それから家中の服をいったんこの部屋に集めましょう
部屋の半分を服置き場と仕事スペースに
もう半分を寝るスペースにするわよ
数時間後…
わぁ…
すごい…これならゆっくり寝られそうだ

洋服も一ヶ所に
まとまって
わかりやすいです！
ガラ
ガラ
リビングとの境の
扉を閉めれば来客が
あっても大丈夫!!
BEFORE
そして
お婆ちゃんの部屋は
介護がしやすいように
ベッドを少しだけ動かして
きれいにお掃除
しました！
モノを捨てなくても
配置と掃除だけで
こんなにスッキリするんですね
お婆ちゃん今日から
気持ちよく過ごせそう
デイサービスから
帰ってきたら
喜ぶね　きっと
…！
すごい…！
なにも捨ててないのに
全然違う！
どう？
絵美ちゃん

ほかは終わったけど
あなたの部屋も
片付けてみる？
……
…はい！
お願いします！
ここが片付いたら
いいことあるわよ～！
本当ですか？
部屋が片付くと
運気ってよくなるの
大事なのよ
部屋って
覚えておいて
自分の思う通りの
状況にならなくて
落ち込むことがあったら
部屋の景色を
変えてみるといいわ

モノが動けば
物事って動き出すのよ！
すごい…！
景色だけじゃなくて
空気まで違う気が
します！
うわぁあ
大事な机は
窓辺の明るい場所に
ベッドを移動して
寝ているときに本が
目に入らないようにしたから
ゆっくり休めるはずよ
スッキリしたところで
娘には気持ちよく
勉強してもらいたいと
思っていたので…
クスン…
本当に嬉しいです！
お母さん…

ありがとう…
お兄ちゃんも
手伝ってくれて
ありがとう
絵美ちゃんが夢を
追いかけて頑張りたいと
いう気持ちを家族は
応援したいのよ
最初は今困ってないし
いいかなって思ってたん
ですけど
片付いた部屋を見て
「すごい！」って
テンション上がりました！
作戦通り！
私は本人の許可なしに
部屋は片付けないの
わかってもらえて
よかったわ
──古堅先生
先日はありがとう
ございました
あれから
お婆ちゃんのお世話も
しやすくなりましたし
おかげさまで
娘は…
合格発表

あった…
受かった…!お母さぁん…!!
無事国家試験に合格しました
きれいになった部屋で過ごすことで勉強や仕事がはかどるのはもちろん
やる気も運気も本当にアップするんですね
清潔にしつつ景色を変えることは
自分を大切に家族を大切にそれぞれの夢を叶えていくこと
私たちは古堅先生にそれを教えていただきました
もっともっとたくさんの人にこのミラクルを感じていただきたいです
ありがとうございました!

解決のヒント……その⑩

静かな景色の中で眠れていますか？

モノって、多いとうるさいんです。実際に音が出るわけではないですが、モノが多いと「なんだか落ち着かないな」と感じる空間になります。だから、特に注意したいのが寝室。**横になったときに、ごちゃごちゃしたモノが目に入らないようにしたいですね**。「目をつぶったら同じ」と思われるかもしれませんが、やっぱりモノがないところのほうが朝までぐっすり寝られると思います。考えてみてください、寝るのに必要なモノってほとんどありませんよね？　寝室に置くモノの理想は、ベッドとサイドテーブルとライトと目覚まし時計、以上です！

寝室に収納したいモノがあったり、どうしても家具を置かなくてはいけない場合は、腰高くらいの低めの家具がいいですね。また、「モロ出し収納」よりも扉があってしまえる収納のほうがうるさくないのでおすすめです。

忙しい毎日を健康で乗り切るために、ぜひ静かな景色の中でしっかり質のよい睡眠をとってほしいと思います。

解決のヒント……その⑪

「片付ける＝捨てる」は間違い

私は片付けが終わった家を出るとき「家族で素敵な時間を過ごしてね」と言って出ます。「頑張ってもっと捨ててね」とは絶対に言いません。捨ててほしいわけじゃない。埋めたモノだって、あとから頑張って捨てなくたっていいんです。だって**片付ける目的は「家族仲良く暮らす」「素敵な時間を過ごす」ことだから**。

このエピソードに登場するおばあちゃんの部屋は、部屋のレイアウトを大きく変えることはせず、家具の配置を調整し、しっかりと掃除するだけに留めましたが、依頼者さん一家はきれいで快適な部屋に変わったと、とても喜んでくれました。なにひとつ捨てなくても、景色が変わることで部屋が変わる、ということをわかってもらえたのではないかと思います。

「まずは捨てなくちゃ」とずっと思っているもののなかなか取りかかることができず自己嫌悪、家がまったくきれいにならないまま……という人のなんと多いこと！　そんな人こそ、小さなスペースからでも「景色を変える」ということを体感してほしいと思います。

第7話 親子2代の片付かない家

この成績では志望校は無理ですね
ガーン
…って先生に言われちゃって…
まだ1年あるから必死に勉強すれば大丈夫だろー
単身赴任中の夫
ユウキ
自分の部屋を片付けて自分の部屋で勉強しなさいよ
ちょっと聞いてるの!?
うるさいな
どうやって片付けたらいいかわかんねーし!
はぁ…
ママ大丈夫?最近元気ないよ
ありがとうごめんね…
翌朝
総合病院
ストレスと過労ですね

会計窓口
お医者さんに身体は診てもらっても気分は落ち込んだままだわ…
kataduke
人生を変える片付け！
一生きれいに暮らせる家に変えるゴッドハンド
古堅純子
こういう人に片付けてもらえたら私も変われるかしら
まったく心配させんじゃないわよ！
学校から電話があって駆けつけたらかすり傷じゃない
ツバつけとけば治るわよ
古堅息子
ひでぇ…
あ！あなたは…あの古堅純子さん…!?
私お願いが…
あら〜
ママと同じくらいこの家もくたびれてるわね

古さと哀愁ただよう「昭和枯れすすき」って感じねー
※失礼。
高3の娘 それから高1と中3の 2人の息子がいるんですが
とにかくモノが多くて どの部屋の収納も いっぱいで…
リビングの景色も 棚だらけって感じね なにが入ってるのよ?
みっちり
子どもたちの 昔のテストや 作品とかですね
この箱は… えっ!? ウェディングドレス!?
思い出があるので 捨てられなくて…
思い出があるモノを 取っておくのはかまわないけど リビングのゴールデンゾーンに 置くことないでしょう
収納の稼働率を上げて 散らかりづらい お部屋にするわよ
兄弟の部屋も これじゃ勉強 どころじゃないわね
クローゼットの中まで 収納ケースがいっぱいだけど 中身は本当に全部 取っておくべきモノなの?
そう言われてみれば…
全部は いらないかもしれません

よし！じゃあ空いたスペースに子どもたちが使いやすいシステムを作って
今 床にあふれているモノを収めましょうか
BEFORE
AFTER
カバンとかよく動くモノはクローゼットの中のゴールデンゾーンが置き場所よ
たった1日でスゲー！
これだけ服をかける場所があるんだから服は床に置かずにかけてしまうのよ
リビングも完成！
すごい！
家事動線が変わってこれなら頑張れそうです！
収納の中がいっぱいなのでつい棚や家具を増やしてみたけど
出してみるといらないモノもあったのでこれから少しずつ見直してみます
よかった～！ママが少し元気になったみたいで嬉しいわ！
これでユウキも受験頑張るのよ！
はい！ありがとうございます
十数年後―
ピコッ♪

あら
「昭和枯れすすきの家」
だったママからメールだわ
純子先生
その節は本当に
ありがとうございました
その後体調もよくなり
復職して
バリバリ働いていています
このたび
末っ子のユウキ夫婦に
子どもが生まれました
今ユウキ家族はマンションで
暮らしていますが
家が片付かないと悩んでいる
ようなのです
どうかまた純子先生の
お力をお借りできないで
しょうか…
おかしいわね
あの家の子どもたちは
古堅式で片付けた家で
育ったはずなのに…
純子先生!
お待ちしてました!

お嫁さんね
初めまして！
初めまして
それで
今どんなことに
困ってるの？
子どもが生まれてから
どうしても家が片付かなく
なってしまって
ダイニングテーブルの
上やソファの上
床にモノがあふれがち
なんです
収納もどこになにを
しまったらいいのか
わからなくて
ガチャ
リビングのこの収納は
トップオブザゴールデンの
場所だけど…
これ
よく使うモノ？
カメラ
いや
全然出番
ないですね
パカッ
こっちのダイニングの
収納もモノを逃がす場所に
使えるじゃない
礼服
(使ってない)
コート
(使ってない)
なに
これ…
いや～ここに
オフシーズンの服や
礼服が収まったときは
俺たち天才かと思いました

天才じゃないわよ!!
おバカよ!!
こんな便利なゴールデンゾーンに動かないモノ置いてどうするの!!
もう嫌〜な予感しかしないけど
ユウキの部屋の収納も見せてもらうわね
服の山
どどんっ
使ってないマットレスです
なんでマットレスをしまって服が出しっぱなしなのよ
普通逆でしょうが
わなわな…
この家の収納は全敗よ!!
イチから全部やり直し!!
まったく!
親の顔が見てみたいわ!
教育しきれませんでしたぁ〜
でもきっとあのとき純子先生がちゃんと仕組みを作ってくれたおかげで
息子たちはまともに育ったんです
わかったたわ

私が来たんだから大丈夫！
もう1回この家に合ったやり方を教えるわ
まずはユウキの服を全部本人の部屋に集めましょう
NYC
…ってこれはどういうことよ
なんでTシャツを全部ハンガーにかけてるのかしら
え だって 実家では服はかけてしまっていてそれがラクだったし…
収納の仕方は家によって違うの
実家は服をかけるスペースがたくさんあったけどこの家は今風のマンションで収納が少ないでしょ
ちゃんと畳んで入れればほら…
きっちり
少ないスペースでも収まったわ
僕 服を畳んでしまおうって考えたことありませんでした
すごい
家が違えばベストな収納方法も違うのよ

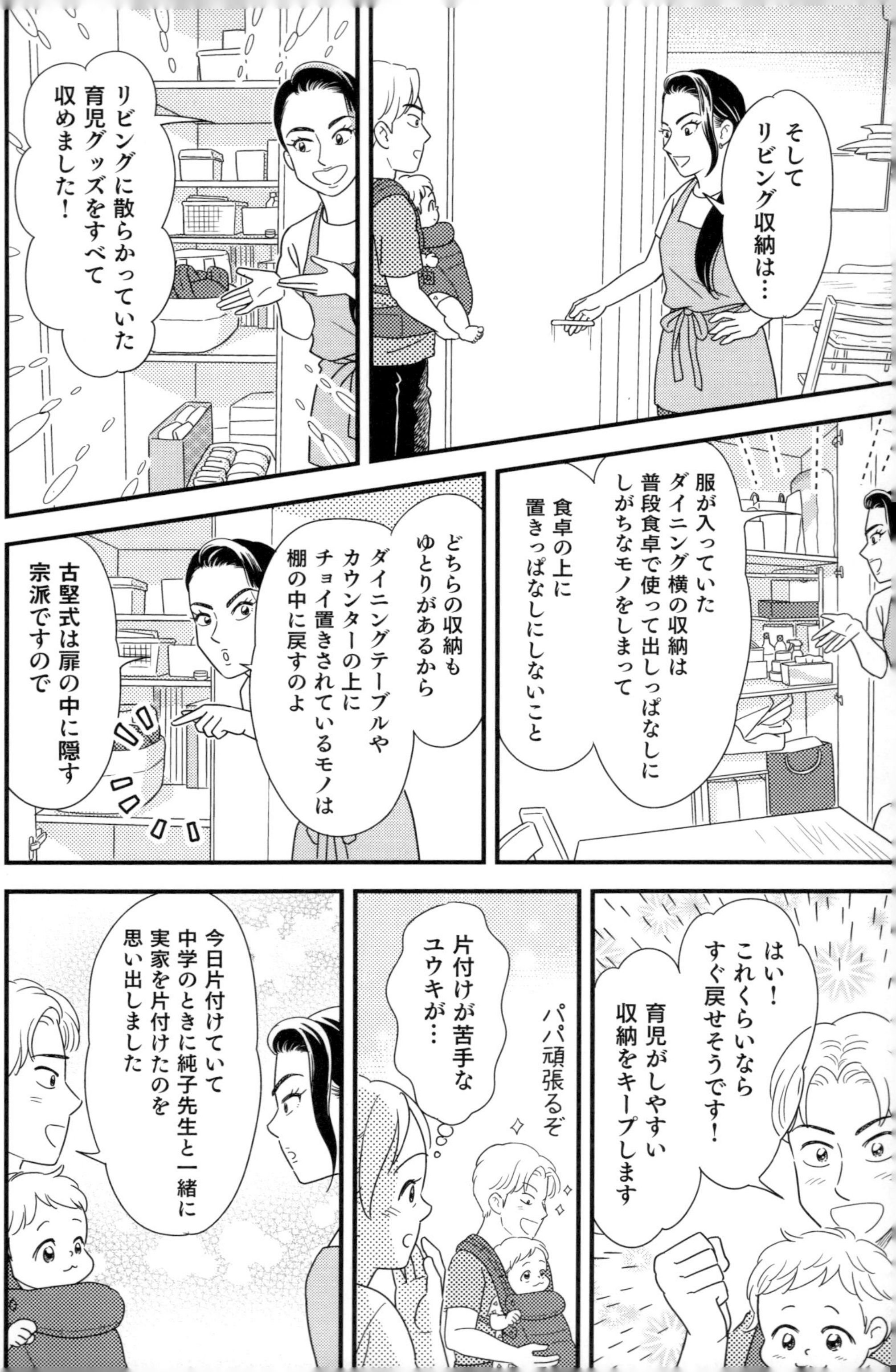

そして
リビング収納は…
リビングに散らかっていた
育児グッズをすべて
収めました！
服が入っていた
ダイニング横の収納は
普段食卓で使って出しっぱなしに
しがちなモノをしまって
食卓の上に
置きっぱなしにしないこと
どちらの収納も
ゆとりがあるから
ダイニングテーブルや
カウンターの上に
チョイ置きされているモノは
棚の中に戻すのよ
古堅式は扉の中に隠す
宗派ですので
はい！
これくらいなら
すぐ戻せそうです！
育児がしやすい
収納をキープします
パパ頑張るぞ
片付けが苦手な
ユウキが…
今日片付けていて
中学のときに純子先生と一緒に
実家を片付けたのを
思い出しました

あのときも純子先生が景色を変えてくれたおかげで気持ちが前向きになって
勉強もするようになって自分の進みたい道に進むことができたんです
今日はこの子のためにも家が片付いて本当によかったと思って…
だあっ♪
あの頃の僕は反抗期で勉強勉強って言ってくる母に反発したりしたけど
僕たちのために全部やってくれてたんだって今ならわかります
ユウキ…
あなたも親になったんだから子どもに「使ったモノを戻す」姿を見せるのよ
いいわね！
はい！
純子先生
このたびはユウキの家族に幸せ空間を作っていただきありがとうございました

整理整頓に無頓着だった息子が
結婚して子どもを授かって
大切な家族ができた今
自分が中学生のときに
純子先生が家に来て
家が変わったことを
思い出してくれたことに
胸がいっぱいになりました
子育て
仕事
家事と
日々の忙しいなか
思うように片付けが
できない人はたくさん
いると思います
かつて私も
その1人でした
ですが
家が片付いて
景色が変わると
自分自身が前向きになって
家族が変わっていきました
これからも大切な家族のことを
想う人が純子先生の片付けで
救われるよう願っています

解決のヒント……その⑫

子ども部屋の環境は親がリードして整えて

「子ども部屋が散らかっていて、片付けてと言ってもダメ。勉強机の上もモノがいっぱいで使えない……」と悩んでいる人、多いと思います。でも大丈夫。子ども部屋を片付けた結果、自分から机に向かい、勉強に集中できるようになった子どもを私はたくさん見てきました。

大事なのは、最初は親が一緒にやること。子どもに「片付けなさい」とだけ言ってもなにをどうしたらいいかわからないのは当然です。**「勉強しやすくするために、一緒にやろう」と声をかけて、自分でモノを戻しやすい環境作りを一緒にやってください**。本人がいない間にやってしまうのはモノの行方がわからなくなり、「自分の部屋」という自覚が育たないのでNGです。

最初に手を付けるのは勉強机。最低限、机の上は更地にしましょう。モノがあると勉強も始められないけれど、スペースがあるとやる気が出てきます。

また、「置き場所がないから」と家族のモノを子ども部屋に気軽に置かないこと。子ども部屋の収納は先に子どものモノを収めて、それでもスペースが余ったら家族のモノを入れるようにしてください。置かれているモノが「自分のモノ中心」となることで「自分の部屋」という自覚や愛着が生まれます。勉強の意欲や、部屋をきれいに使う気持ちにつながるはずです。

いつもチョイ置きされているモノは貴重な情報！

このエピソードでは、リビングのダイニングテーブル横の収納にオフシーズンの服や礼服がしまわれていましたが、思えば私、このおうちに限らず「なんでここにこれ入れたの!?」としょっちゅう叫んでいる気がします。リビングの家族みんなが使える場所の収納に、見返しもしない古い書類が入っていたり、作り付けの使いやすそうな収納を使っていない家電が占拠していたり……。

どこの収納になにを入れるか、誰かが正解を教えてくれればラクですが現実にはそうもいきません。ついつい、なんとなくモノを入れてそれっきり、全然動かないモノがゴールデンゾーンを占拠している、という家も多いのではないでしょうか。

私が「なんでここにこれ入れたの!?」と叫ぶような収納にしないために、おすすめの方法があります。それは、**家の中でいつもチョイ置きされているモノをよく観察すること**。チョイ置きされているモノは、いわば事件解決のための「証拠」です。「週末ビフォーアフター」でお片付け前に行うルームツアーでは、これが事件解決の糸口となり、「ははーん、弱いのはこの収納だ！」と、やるべき作業が見えてくるわけです。

解決のヒント……その⑬

ダイニングテーブルの上によく書類や文具がチョイ置きされているなら、それらを戻す場所が不足している証拠。ソファにいつも上着などの服が置かれているなら、その服をかけたりしまったりするシステム不足です。**私調べのよくチョイ置きされているモノランキングワースト3は①紙類②服③おもちゃ、です。**みなさんも、いつもチョイ置きされているモノを発見したら、それらの「逃がし場所」がきちんとあるか、自分以外の人でも戻しやすくなっているかを考えてみてくださいね。

ちなみに、「週末ビフォーアフター」の作業前のルームツアーで、チョイ置きされているモノが全然出ていない家は「証拠」がないわけなので苦労します。その場合、普段から誰かがすごく時間をかけて片付けていることがあり、誰か1人が時間をかけて苦労して片付けないときれいにならない家になっている、という点でこれも問題ありです。やっぱり、家族が戻せる収納を考え直す必要があるでしょう。

番外編

片付けで未来は変わる

チョイ置きしたいモノは
扉の中のこの
「バッファゾーン」に
隠すのよ！
おぉ〜
「バッファゾーン」とは
「心のゆとり」そのもの！
古堅先生
ありがとうございます！
これであなたたちも
ハッピーファミリーね！
家族で仲良く過ごすのよ

ブロロ…
お疲れ様でした
空港向かいますね
みんなお疲れ様！
今日もうまくいったわね
この人物の名は
古堅純子
北は北海道から
南は沖縄まで
悩める家を嗅ぎ当てて
５０００軒以上を訪問し
片付けで難事件を解決してきた
みんなそのあと
仲よく幸せに
暮らしているかしら…
あら…？
ここって…
あのいかつい父ちゃんと
三つ子の家の近くよね
そういえば別れ際の
約束がそのままだわ
ごめんなさい
行き先を
変更してもいい？
飛行機はキャンセル
するわ！
あるところに
長く2人目の子どもを
望んでいた夫婦がいて
長男
ようやく授かったのは
なんと三つ子でした

女の子2人と
男の子
成長するにつれ
男の子の脳には
生まれつき障害が
あることがわかりました
そして三つ子が
中学生になった頃
やってもやっても
片付かない家に
母は疲れ切り…
古堅純子です！
お邪魔
しまーす！
古堅さん！
来てくれてありがとう
ございます！
あら～
家事もうまく回らないし
お疲れって感じね
そうなんです…
うちは自営業で
共働きで
とにかく忙しくって
次男のハルは1人では
なにもできないから
手伝いが必要だし…
……
にこ
にこ

ママが頑張ったのはわかるけど収納の増やしすぎで景色が悪いわよね
娘たちの勉強スペースも作ってあげたいんです
私が来たんだから大丈夫！
三つ子たちも中学生なんだから家族みんなで協力し合える仕組みを作りましょう！
はいっ
おい！よけい散らかってねぇか!?
夫です
大丈夫です父ちゃん！
今から暮らしやすい空間に生まれ変わらせますから！
はあ…
ここにはハル君の支度スペースを作りましょう
あの…息子は自分で学校の支度ができないので
息子のモノは私が管理してて…

大丈夫
ハル君ができるように
シンプルな仕組みに
するからね
そうすればきっと
できるわよ
ハル君
学校から帰ってきたら
カバンはここに置くのよ
……
にこにこ
…よしっ
完成で～す！
ダイニングテーブルの上には
なにも置いちゃだめよ
みんなで協力して
リビングの景色を
キープしてね
わぁぁぁ
先生～!!
すんばらしいです!!
感動しました!!
どうぞご飯でも
食べてってください
お酒も好きですよね!?
日本酒
ありがとう
でも今日は帰りの
飛行機を取ってるし
帰るわ
近くに来たときは
また絶対絶対
来てくださいよ！
父ちゃん
あのときの約束
覚えているかしら
ピンポーン

わぁ〜！
古堅さん!!
こんにちは
近くに来たから
寄ってみたの
7〜8年ぶりかしら
あらぁ
娘たちもすっかり
きれいになって
ハル君も
久しぶり
にこ
にこ
なあに？
こっち来てって？
ここは
たしか娘たちの
部屋じゃなかった？
今は息子の服とかを
この部屋の収納に
収めてるんです
リビングで身支度が
できていたので
2階のこの部屋にハルの
モノを移動して
ここで1人で身支度が
できるように
なったんですよ
すごいじゃない！
古堅さんの
おかげです

前回古堅さんが
我が家の景色を
変えてくれたおかげで
家事がラクになって…
それからハルが初めて自分で
カバンを定位置に戻して
自分の身支度ができるように
なっていったんです
それどころかテーブルに
置きっぱなしのモノも
すぐ片付けてくれて
ここに 置かない
約束
つまみ取りに
行っただけ
私たちのほうが
ハルに怒られることも
あるんです
ルールを決めてあげたら
できるようになったのね
ちなみにここは
ハル君の部屋なの？
いえ 荷物を置いている
だけで寝るのは
私たち夫婦の部屋で
夫と3人で寝ています
あらじゃあ
ここで寝てないの？
でもここに寝るスペースが
あるじゃない？
うーん
でもそれは
さすがに…
先生ー!!

待ってましたよ!!
今日は一緒に
飲めるんですよね!?
日本酒
もちろんよ!
ご馳走《ちそう》してもらうために
来たんだから!
かんぱーい!
翌朝
空港
ご馳走様
家族みんな本当に
幸せそうでよかったわ
古堅さん
実は昨日の夜
ハルがあの部屋で
寝るって言い出して
出発ロビー
Departure Lobby
ええ!?
朝まで1人で寝たの!?
そうなんです
私のほうが心配で
何度も部屋をのぞきに
行ったんですが
全然大丈夫でした
私たち夫婦も
もっと子離れ
しなくちゃ
今朝起きて
ハルがいないので
夫は寂しそうで…
私　父ちゃんに
恨まれるんじゃない!?
どうしよう!!

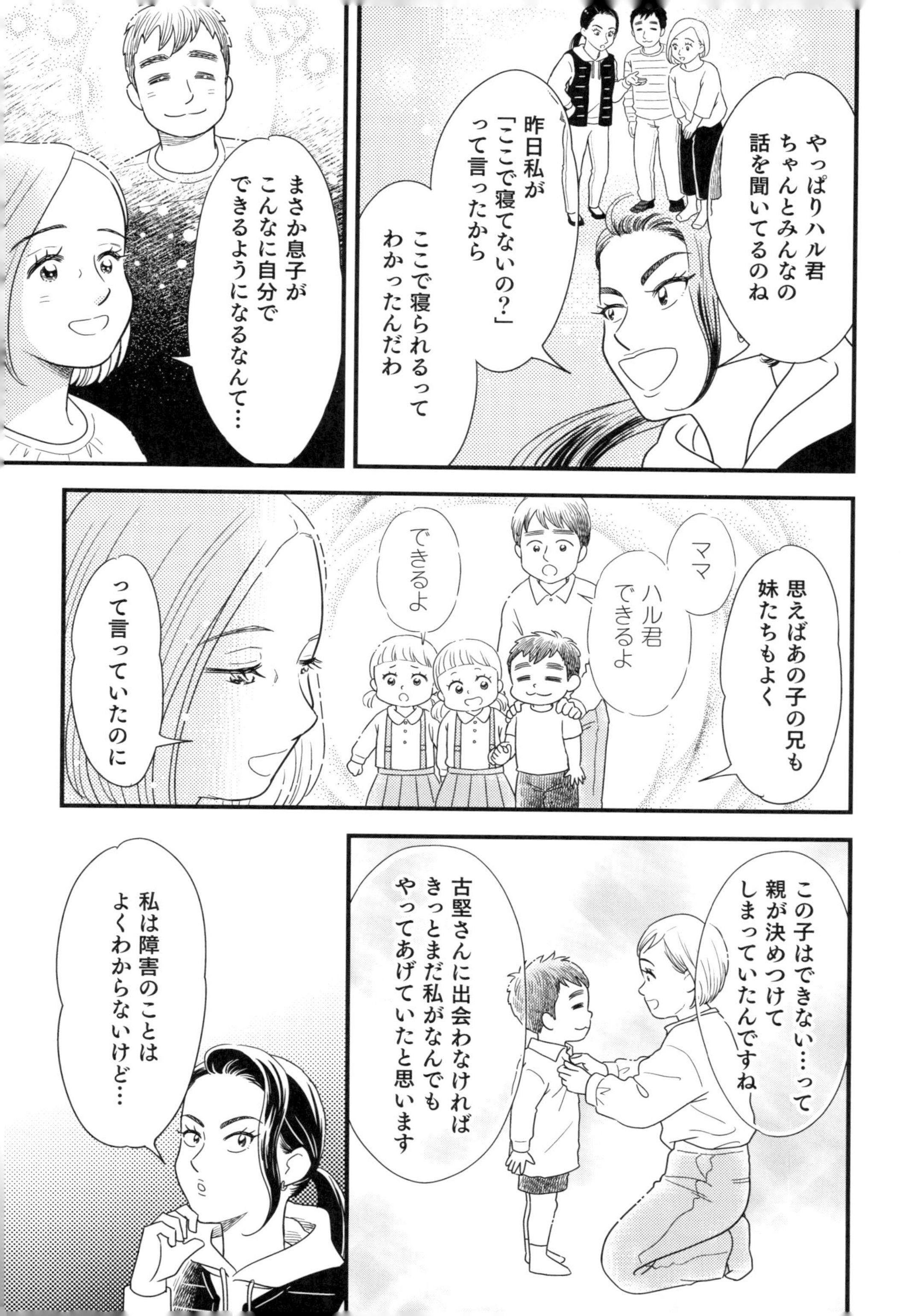
やっぱりハル君ちゃんとみんなの話を聞いてるのね
昨日私が「ここで寝てないの?」って言ったから
ここで寝られるってわかったんだわ
まさか息子がこんなに自分でできるようになるなんて…
思えばあの子の兄も妹たちもよく
ママ
ハル君できるよ
できるよ
って言っていたのに
この子はできない…って親が決めつけてしまっていたんですね
古堅さんに出会わなければきっとまだ私がなんでもやってあげていたと思います
私は障害のことはよくわからないけど…

できないことが
あるとしても
できることから
やればいいんじゃないって
思うのよ
本当に
その通りですね
それじゃあ
ハル君には純子が
遠くから見守ってるよ
って伝えて
父ちゃんたちにも
よろしくね
――古堅純子は
収納の中を見ただけで
中にモノを入れた人の
性格がわかり
部屋の荒れ具合で
その家の家族のSOSを
感じ取ることができる

先入観なく
どんな人の懐にも
飛び込んでいき
その人と心を
通わせることができる
その家族に合った
オンリーワンの片付けで
その人たちにできないことは
させない
ブルドーザー
純子
目メジャー
人は純子を
〝絶対に失敗しない
片付け職人〟と呼ぶ
今日もどこかで
片付けに悩む家族を
救うため
古堅純子は
日本中を駆け巡る
ピンポーン
どうもー！
古堅純子ですー!!

「片付けができない」という決めつけをしない

私にSOSを求める人はみな「私、片付けが苦手です」と言いますし、子どもや旦那さんなどが片付けられないことに悩んでいる人も多いでしょう。さらに、どこの家も家族みんな忙しいですよね。「自分がやったほうが早いから」「いくら言ってもやってくれないから」と思って、1人で片付けを頑張っている人も多いと思います。

でも、散らからない家にするには「使ったら元の場所に戻す」のが最低限のルール。家族の誰か1人が頑張るのではなくて、家族みんながルールを守るべきです。

そうは言っても家族に対して「自分で片付けてよ！」と思ったときは、**片付けてほしいモノが「置くだけ」「逃がすだけ」「隠すだけ」のシンプルな仕組みになっているかを考えてみてください**。「そんな複雑なやり方、あたしだってできないわ！」みたいなすごく複雑な収納システムを作って、その中にしまおうとしている人も多いです。家族がもとの場所に戻さないのならその仕組みが複雑すぎるのかもしれません。自分でやってくれるように、誰でもできるシンプルな方法にすることが大切です。

家庭は一番小さな社会活動の場所です。みんながルールを守ることに加えて、家族であって

解決のヒント……その14

も「誰かに不快な思いをさせない」ことも大切。もし、あなたがリビングの床の上に取り込んだ洗濯物やさっき買い物に行って買ってきたモノが散らかっていても平気だとしても、家族の中にはそのことによって、落ち着かなかったり、なんだかイライラする、という人もいるかもしれません。

家が散らかっているとモノをなくしたり、安全・清潔でないという物理的な問題のほかに、人の気分にも影響を及ぼします。思っている以上にデメリットが多いということを、みなさんに知ってほしいと思います。

家が片付くと、「散らかっていたとき、自分はいつもなんだかイライラしていたな」とか「この子は片付いていると穏やかだな」と気づいたりします。片付けることで生まれるスペースには、家族を笑顔にして、前向きにする力がある――5000軒以上片付けた私が言うんだから間違いありません。ぜひ信じて、片付けで希望の扉を開けてほしいと思います。

原作エピソード一覧

アフター」で公開されている以下のエピソードをもとに
様子を見ることができるのでぜひ参考にしてください。

第1話 もうすぐ育休復帰の家

第177話〜179話（全3話）

第2話 散らからないはずの家

第182話〜184話（全3話）

第3話 里帰り出産ができない家

第118話〜120話（全3話）

第4話 息子の部屋が作れない家

第72話〜76話（全5話）

週末ビフォーアフター

本書に収録されているお話はYouTubeチャンネル「週末ビフォー
一部を再構成し漫画化したものです。動画ではより詳しい片付けの

第5話 高齢出産夫婦の疲れる家

第218話～219話（全2話）

第6話 子どもの夢を応援したい家

第203話～205話（全3話）

第7話 親子2代の片付かない家

第220話～222話（全3話）

番外編 片付けで未来は変わる

YouTube未公開エピソード

おわりに

漫画版・古堅純子の決め台詞は
「私が来たんだから大丈夫！」。
「週末ビフォーアフター」を一緒に作っているチームに聞いたら、
昔から私、よく「大丈夫」と言ってるらしいんです。

私に片付けを依頼する人は、
家族のことを考えて「もっとちゃんとしなくちゃ」と思っている人が多いです。
真面目なんですよね。
みなさんが頑張っていることは知ってます。
…でも実は、頑張りどころがちょっと違うんだよなぁと思うこともしばしば。
頑張って収納の中をきれいに整えたり（扉の中は見えないから散らかっててＯＫ）、
頑張ってプラケースを大量に買ってきてしまったり（生活感が出て景色が壊れます）。
そうじゃなくて、日ごろ使うモノをいったん扉の中に隠すなどして、
部屋の景色をキープすることを頑張ったほうが、楽になれます。

私は整理収納アドバイザーの資格を持っていますが、
正直、片付けも整理も好きじゃありません。とても面倒くさがりでズボラな性格です。
それなのに家族と暮らす家はいつも清潔で快適な環境であってほしい！
だからこそ自分の家も、依頼者さんのおうちでも、
頑張らなくてもすぐに片付き、掃除がしやすい家になるよう工夫しています。
片付けが好きな人はいくらでも片付けをしたらいいと思いますが、
仕事や家事、育児に毎日追われている人たちは、
片付けに時間をかけることができませんよね。
片付けが苦手で忙しい人こそ、片付けに時間をかけず、
清潔なお部屋で気持ちよく暮らすために、
部屋の使い方や収納の中を見直してほしいです。

この本では８つの家族を紹介しましたが、
片付いて、景色のいい家で過ごしていると人は変わります。

家族で楽しく、気持ちよく食事ができるダイニング、
ゆっくりとくつろいだり、団らんができるリビング、
子どもたちが安全に遊ぶことができる空間……
こうした家で過ごす、なにげない日常こそが、
真の幸せだと私は思っています。
そして日常の中に真の幸せがあったことに気づけると、
人生はどんどんいい方向に変わっていくように思います。

私も2人の息子を育ててきましたが、
子どもはあっという間に大きくなります。
家族みんなが家で一緒に過ごす時間は
永遠でも無限でもありません。
思い出のモノ、いつか使うかもしれないモノ……
そんなモノにとらわれずに、目の前にいる家族との会話や笑顔を
なにより大切にしてほしい。

だから、私は依頼者さんのおうちを出るとき
「家族仲良く幸せに暮らしてね」「さらにハッピーファミリーになるんだよ！」
と言っています。

この本が、あなたの近くにある幸せに
ほんの少しでも気づくきっかけになれば嬉しいです。
古堅式の片付けでハッピーファミリーがもっともっと増えますように！

すべては家族の笑顔のために
幸せ住空間セラピスト
古堅純子

✦ PROFILE

古《ふる》堅《かた》純《じゅん》子《こ》

幸せ住空間セラピスト。
1998年、老舗の家事代行サービス会社に入社。
25年以上にわたり現場第一主義を貫き、
5000軒以上のお宅でサービスを重ねてきた経験から、
独自の古堅式メソッドを確立。著書累計は70万部を超え、
テレビや雑誌などメディア取材協力も多数。
快適な住空間を構築するコツや
ノウハウ満載のYouTubeチャンネル「週末ビフォーアフター」は
登録者数34万人超、総再生回数は
1.6億回を突破した(2025年3月時点)。

YouTubeチャンネル「週末ビフォーアフター」
https://www.youtube.com/@Before-After

田《た》辺《なべ》ヒカリ

漫画家。夫、娘、愛猫とともに四国に暮らす。
著書に電子書籍『瀬戸内しまだより 思い出食堂プレイバック』
(上・下/少年画報社)がある。

✦ STAFF

企画協力 週末ビフォーアフターチーム
田上琴珠、伊藤まなみ、山本アイ子

装幀 安藤公美(井上則人デザイン事務所)
編集協力 中野わかな
校正 山崎春江
DTP ニッタプリントサービス
編集 志村綾子

古《ふる》堅《かた》純《じゅん》子《こ》の片《かた》付《づ》け事《じ》件《けん》簿《ぼ》

―家《か》族《ぞく》のピンチをズバッと解《かい》決《けつ》！―

2025年4月22日　初版発行

［著者・原作］
古《ふる》堅《かた》純《じゅん》子《こ》

［漫画］
田《た》辺《なべ》ヒカリ

［発行者］
山下直久

［発行］
株式会社KADOKAWA
〒102-8177 東京都千代田区富士見2-13-3
電話　0570-002-301（ナビダイヤル）

［印刷・製本］
TOPPANクロレ株式会社

ISBN 978-4-04-897835-4　　C0077
Printed in Japan